SPOT

AYUDANTES DE LA COMUNIDAD

MÉDICOS

por Golriz Golkar

amicus LEARNING

garganta

corazón

Busca estas palabras e imágenes mientras lees.

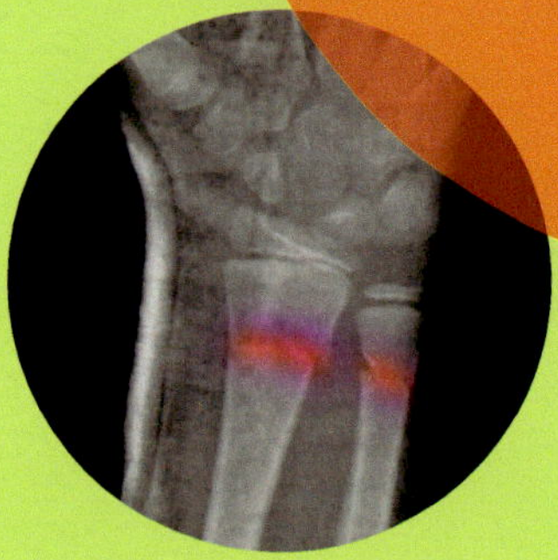

radiografía

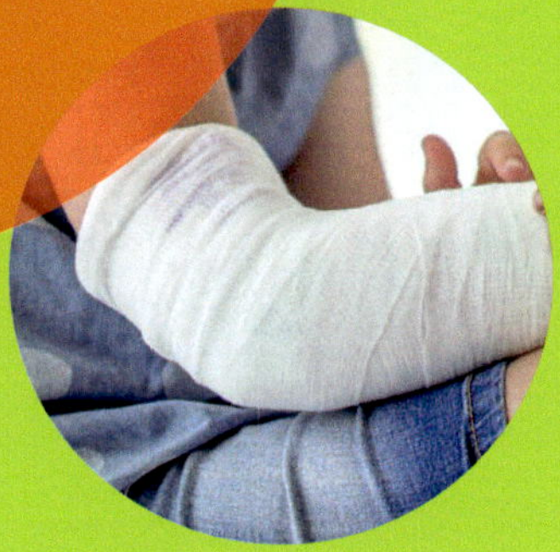

yeso

Los médicos son buenos ayudantes. ¿Qué hacen?

garganta

Eve está en un chequeo.
La médica le revisa la garganta.
¡Di "aaah"!

corazón

El médico escucha
el corazón de Leo.
Respira hondo.
Ba-dum. Ba-dum.

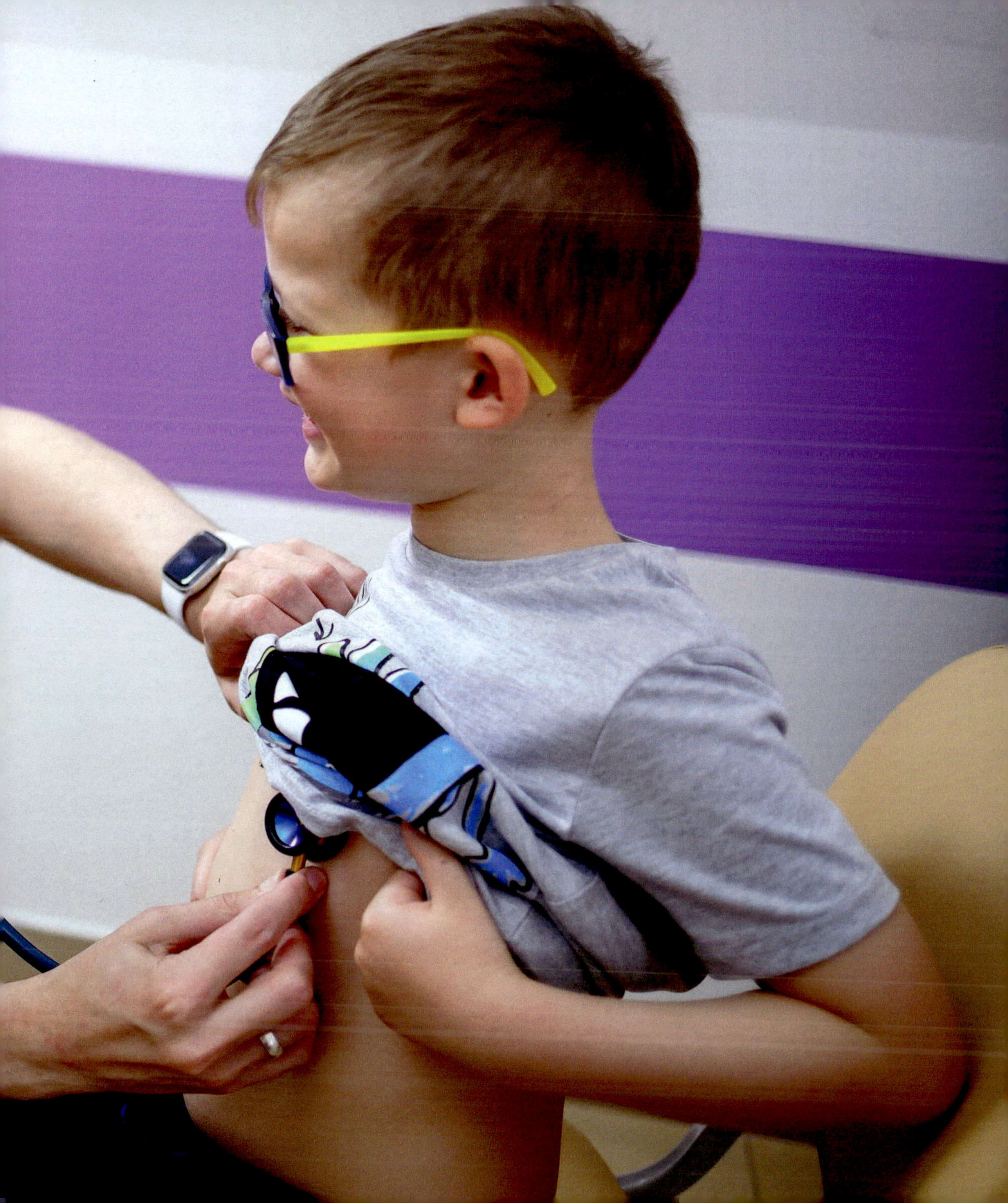

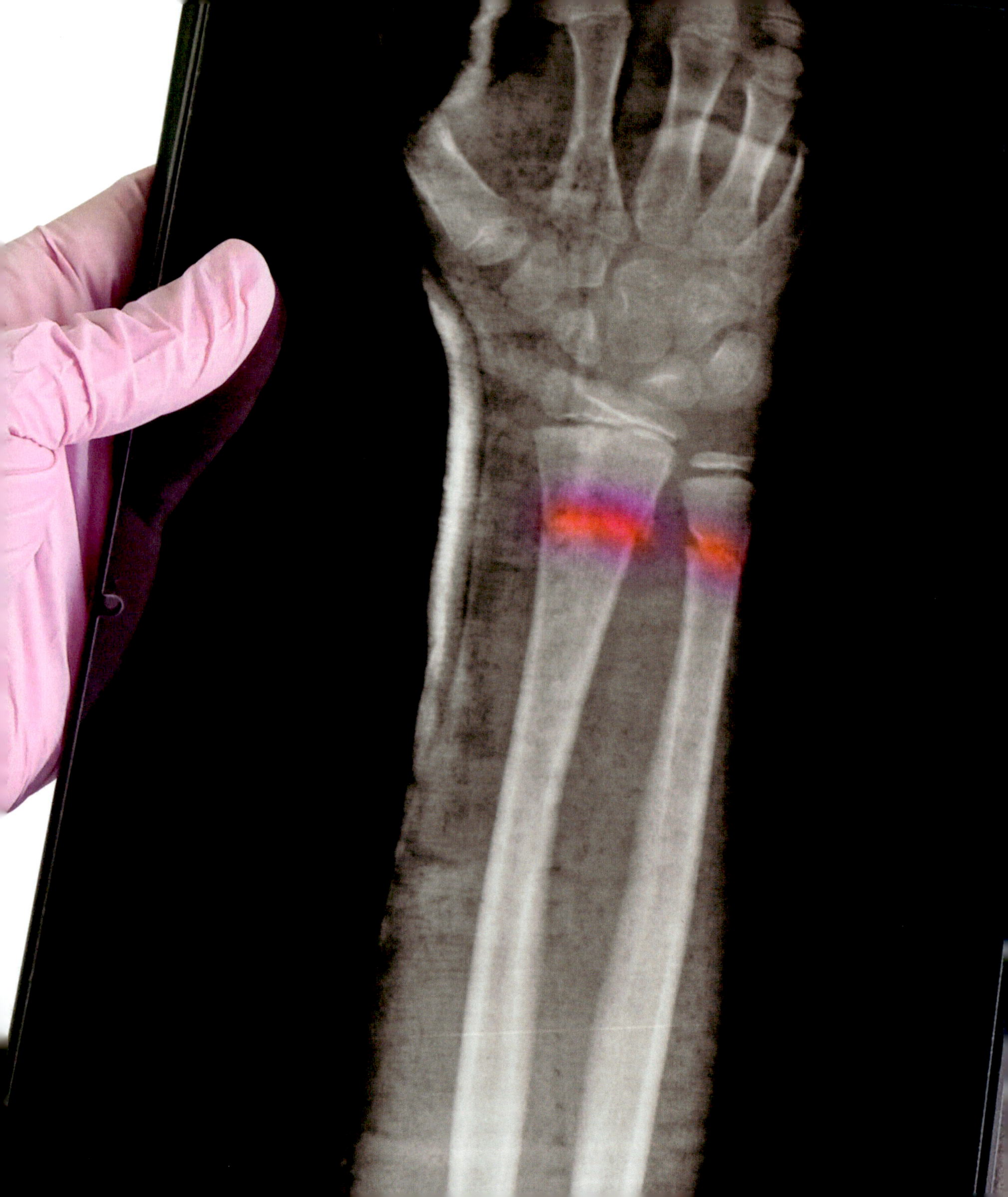

¿Rue tiene un hueso roto?

¡No te muevas!

Es hora de una radiografía.

radiografía

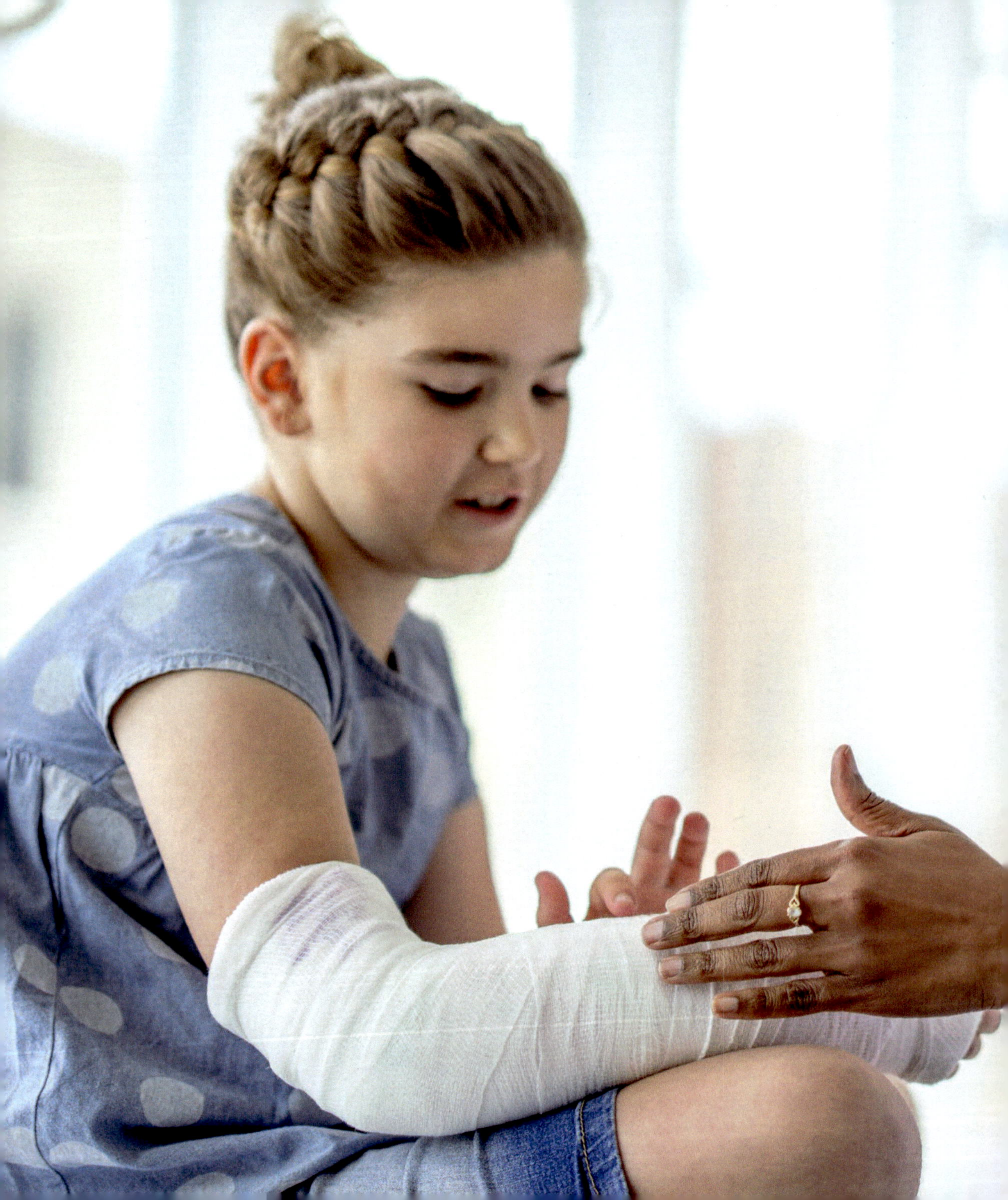

yeso

¡Ay, no!
Rue se rompió el brazo.
La médica le pone un yeso.

¡Bip! ¡Bip!

La cabeza de Ian está caliente.

Necesita un medicamento.

Los médicos nos ayudan cuando estamos enfermos. ¡Nos hacen sentir mejor!

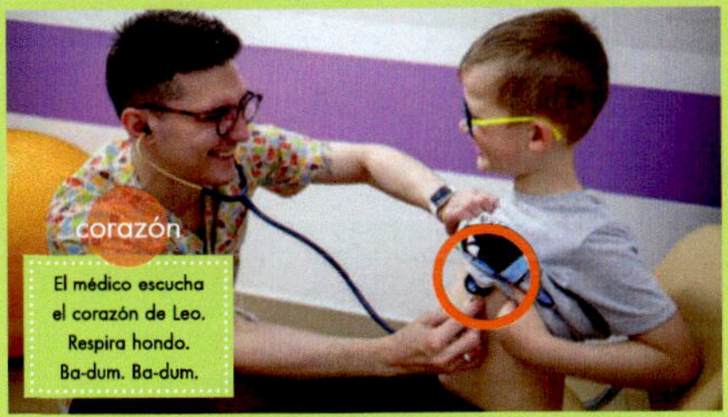

garganta

corazón

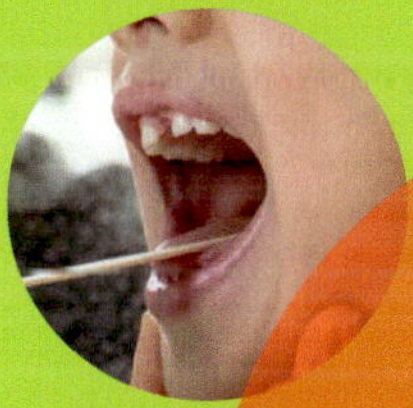

¿Lo encontraste?

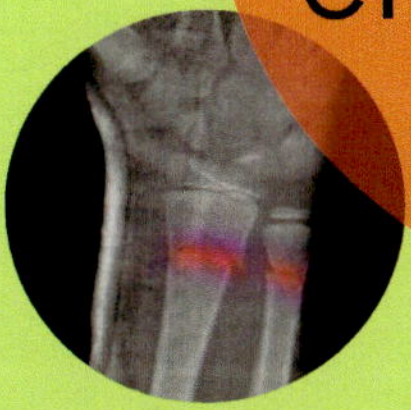

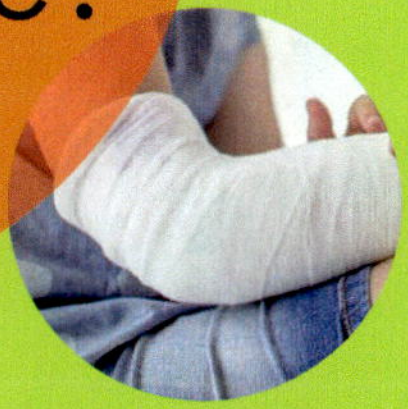

radiografía

yeso

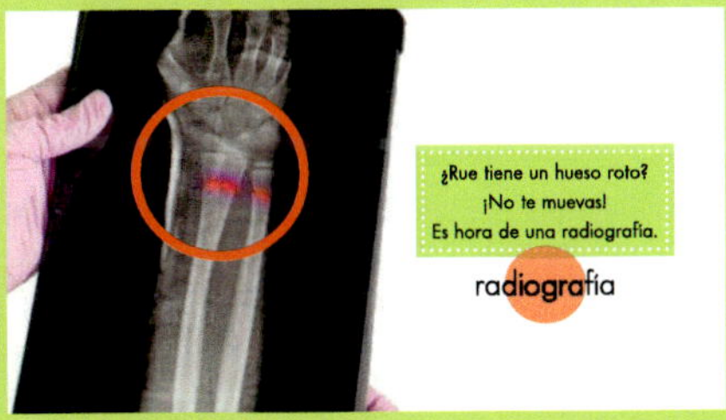

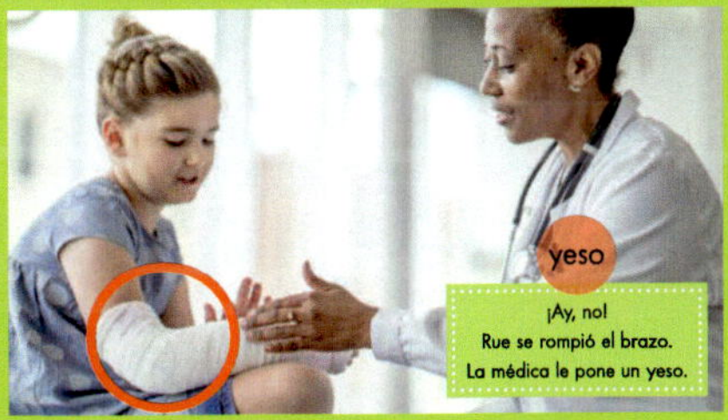

SPOT

Publicado por Amicus Learning, un sello de Amicus
P.O. Box 227, Mankato, MN 56002
www.amicuspublishing.us

Library of Congress Cataloging-in-Publication Data
Names: Golkar, Golriz, author.
Title: Médicos / by Golriz Golkar.
Other titles: Doctors. Spanish
Description: Mankato, MN : Amicus Learning, an imprint of Amicus, [2026] | Series: Ayudantes de la comunidad | Audience: Ages 4–7 | Audience: Grades K–1 | Summary: "Doctors keep us healthy and happy. Learn how they help the community in this low-level beginning reader that reinforces new Spanish vocabulary with a search-and-find feature. A great early social studies book that will inspire kindergartners and first graders to learn about jobs in their community. Translated into North American Spanish"— Provided by publisher.
Identifiers: LCCN 2024052071 (print) | LCCN 2024052072 (ebook) | ISBN 9798892006682 (library binding) | ISBN 9798892007283 (paperback) | ISBN 9798892007887 (ebook)
Subjects: LCSH: Physicians—Juvenile literature. | Medicine—Juvenile literature.
Classification: LCC R690 .G65518 2026 (print) | LCC R690 (ebook) | DDC 610.92–dc23/eng/20250127

Ana Brauer, editora
Deb Miner, diseñador de la serie
Sara Hood, diseñador de libro y investigación fotográfica

Créditos de Imágenes: Getty Images/Callista Images, 8, FatCamera, 10–11, KidStock, 4-5, Maskot, 12–13; Shutterstock/ASDF_MEDIA, 1, Creativa Images, cover, DS Tkachuk, 6–7, LightField Studios, 3, NMK-Studio, 8, Spotmatik Ltd, 14